EXTRAIT

DE

LA FEMME ANGE

L'HOMME-FEMME — LA FEMME-HOMME

DEUXIÈME EDITION

LETTRES, RÉPONSES ET COMPTES RENDUS

Prix : 15 centimes

PARIS

E. DENTU, LIBRAIRE-EDITEUR

Palais-Royal, 15, 17, 19 (Galerie d'Orléans).

—

1880

LETTRES

RÉPONSES ET COMPTES RENDUS

(Extrait de la Femme-Ange. — 2ᵉ édition.)

Nous joignons à notre seconde étition de la *Femme-Ange*, les encouragements, qui nous ont été donnés : par la presse, en quelques comptes rendus, par nos amis et les personnes sympathiques à nos écrits, par les lettres qu'ils ont bien voulu nous adresser. De nouvelles adhésions et de nouvelles critiques viendront s'ajouter, nous ne saurions en douter, à celles qui nous sont parvenues, car l'attention s'éveille sérieusement sur les points nouveaux traités dans nos écrits, et les opinions diverses doivent se faire jour et s'affirmer en raison même de l'importance du sujet. C'est pourquoi nous venons solliciter plus particulièrement, le concours de la presse comme celui des amis du progrès. Sûre que notre appel ne sera pas vain, nous remercions d'avance nos nouveaux contribuables de leur appui et de leur désintéressement, et nous les prions d'agréer l'expression de notre reconnaissance.

(L'auteur de la *Femme-Ange*, de la *Société d'Amour pur*, etc.)

Pour toutes les communications à faire à l'auteur, adresser à M. Dentu, éditeur, galerie d'Orléans, Palais-Royal, Paris.

A NOS ROMANCIERS FÉMININS

A. M. ALEXANDRE DUMAS.

LA FEMME-ANGE — L'HOMME-FEMME — LA FEMME-HOMME
par l'auteur de la *Société d'Amour pur*.

Prix 75 centimes. Paris. E. Dentu, Palais-Royal, 19, Galerie
d'Orléans.

Remerciments aux quelques journaux, qui ont bien
voulu reproduire cette annonce.

LA FEMME ANGE : Écrit curieux, étrange, hors nature. Rêve
d'une Lélia si l'auteur est une femme ; rêve d'un Origène ou
d'un Abélard si l'auteur est un homme.

Ch. LEMONNIER.

Les États-Unis d'Europe). — 10 juillet 1880.

Réponse de l'auteur à M. Ch. Lemonnier :

La *Femme-Ange*, attendue par l'école de Saint-Simon
pour rechercher la loi de pudeur, pressentie par Fourier
en ses aspirations pour la justice envers les femmes, la
Femme-Ange est celle qui répond selon nous à l'idéal
inconscient et indéterminé de ces penseurs. Ce type qui
réalise l'évolution définitive de la femme est aussi le
type préconçu de l'humanité nouvelle ; à la *Femme-Ange*
se rattachent tous les progrès : ils ne peuvent s'accomplir
que par son existence.

Compte rendu de la *Gazette des Femmes*, 10 juillet 1880 :

La Femme-Ange, *l'Homme-Femme*, *la Femme-Homme*. Paris,

Dentu ; brochure in-8° de 67 pages, 0 fr. 75. — Etude philosophique et mystique sur les ouvrages récents de MM^mes Gustave Haller, Bentzon, Gréville, M. Alex. Dumas, etc., dans lesquels l'auteur cherche — en vain, croyons-nous, — un sens à l'idéal que ces romanciers ont dégagé de l'amour. Côté piquant: des réflexions parmi les plus profondes, extraites des livres examinés, sont jointes à cette étude. Pour saisir la logique de ces considérations d'un ordre très élevé, il faut remonter aux précédents livres de l'auteur, au premier surtout, l'*Amour pur*, dont voici la conclusion, clé de la série : « *Considérant*, etc..., *déclarons par ces raisons, au nom du Dieu de liberté, du Dieu de pureté et du Dieu tout amour, l'amour de l'humanité libre et pur*, ET A JAMAIS AFFRANCHI DU SEXE.

Notre cadre restreint nous prive du plaisir d'entrer avec Mlle X... (l'auteur tient à garder l'anonyme) dans des dissertations certainement intéressantes, mais certainement aussi, interminables. Nous la féliciterons sur la hauteur de ses pensées et sur la correction et l'élégance de leur expression, et nous engagerons les femmes à faire connaissance avec ses brochures. En voici les titres : L'*Amour pur confirmé par les Evangiles* (Dentu, 1 fr.), *Aux Femmes* (Dentu, 0 fr. 50), *La Flore nouvelle de l'Amour* (Dentu, 0 fr. 75), *Du Mariage et du Célibat, La Mission des Femmes* (0 fr. 50) et *Etude sur Antoinette Bourignon la prophétesse* (Fischbacher). ˙ JEAN ALESSON.

Nous reproduisons les lignes suivantes d'une lettre qu'a bien voulu nous adresser Madame **Gustave Haller.**

7 juin 1880.

« Mademoiselle,

« Je vous remercie bien sincèrement de l'envoi de vos brochures... Voulez-vous que nous remettions à lundi prochain le plaisir que je me promets de causer avec vous des choses charmantes que vous écrivez ! »

G. HALLER.

« Ma chère amie,

« Il est un point sur lequel nous ne nous entendrons jamais, vous le savez, c'est votre doctrine de l'amour pur. Je la considère comme purement fantaisiste et je me demande si, ayant le pouvoir de mettre votre théorie en pratique, sur toute l'étendue de la terre, vous auriez le courage de prononcer ainsi la condamnation à mort de notre pauvre humanité. Cette réserve faite, je trouve d'excellentes choses dans votre brochure.

« Les ouvrages dont vous parlez me sont inconnus. Mais ce que vous en dites suffit à en indiquer l'esprit et je m'associe complètement au jugement que vous portez entre autres, sur le premier. Comme vous, je suis blessée des impressions qui s'éveillent chez Raïssa après la célébration de son mariage.

« Si l'histoire était vraie, l'auteur aurait dû déplorer l'abaissement où tombe l'héroïne. Ecrivant un roman et développant les caractères à son gré, cet auteur a commis une grande faute en cherchant le succès dans la complaisante analyse de sentiments qui offensent à la fois la dignité de la femme et la morale.

« Vous avez bien raison, chère amie; les femmes qui écrivent devraient accepter la grande mission d'élever les âmes, de les régénérer. *Toujours plus haut*, telle devrait être leur devise. Beaucoup d'entre elles comprennent ce devoir; malheureusement elles n'ont pas assez de talent pour produire les œuvres brillantes qui émeuvent les masses et exercent parfois une impression si profonde sur les mœurs.

« Avec son génie, G. Sand aurait pu devenir un des bienfaiteurs les plus puissants de l'humanité, et je crois, au contraire, qu'elle a fait beaucoup de mal. Ce n'est pas que les nobles aspirations lui aient manqué ; mais en mettant l'amour, comme elle le comprenait, au-dessus du devoir, elle a sapé le mobile le plus pur, le plus élevé, le plus fécond de l'âme humaine.

« 11 juin 1880.

(Mlle) « MARIE CONSCIENCE [1]. »

Nous ne pouvons laisser passer les interrogations de notre amie, formulées dans la première phrase de sa lettre, sans un mot de réponse, qui s'adressera aussi à toutes les objections du même genre qui pourraient nous être faites relativement aux applications actuelles de l'*Amour pur*. La comparaison suivante rendra parfaitement notre pensée ; nous prions nos lecteurs de l'agréer. Quand le progrès et la science eurent assuré au mode d'éclairage de nos cités et de nos grands établissements des perfectionnements incontestables par l'introduction du gaz et de la lumière électrique, quand fut définitivement congédié le quinquet primitif que M. de Parville qualifie par deux mots qui seuls lui enlèveraient toute chance de retour, les inventeurs des nouveaux modes d'éclairage n'eurent pas l'idée de faire décréter d'urgence l'application générale de leurs belles découvertes : ils ne le pouvaient et ne le devaient pour mille raisons qu'il sera facile à chacun de déduire. — Il en est de même pour l'*Amour pur*, ce mode supérieur de l'expansion des âmes, appelé à modifier ses appareils et à les rendre conformes aux aspirations nouvelles.

---

[1] Mlle Marie Conscience est auteur de deux ouvrages :

Un million comptant, roman pour les classes élevées ;

Et *La pièce de vingt francs*, récit pour la classe ouvrière, ouvrage d'éducation du plus grand mérite, fort remarqué pour ses qualités réelles, dans ce genre d'écrits trop peu répandu.

La pièce de vingt francs, 1 fr. 50. *Un million comptant* 3 fr. 50. Fischbacher, éditeur, 33, rue de Seine, Paris.

L'Amour pur ou *Amour libre* fera donc ce qu'a fait la lumière électrique, — cette belle lumière fille du soleil, qui seule conserve aux couleurs leur identité, — il s'affirmera et s'étendra dans les intelligences et les cœurs en raison de ses avantages mêmes. Telle est notre réponse aux interrogations de notre amie.

L'Amour pur est appelé à favoriser l'expansion, l'énergie et le rayonnement des sentiments affectueux de l'âme comme l'ont été les richesses de la lumière par les procédés nouveaux.

(L'auteur de la Société d'Amour pur.)

Hastings, 30 juillet 1880.

« J'ai lu la *Femme-Ange*, votre dernier écrit, avec beaucoup d'intérêt. Je trouve que vous avez très bien fait de châtier fortement les écrivains féminins qui sont pires que les hommes, parce qu'elles devraient se souvenir de l'*idéal* de la femme, qui est plus élevé que celui de l'homme. Je suis peinée de voir ces livres sensuels écrits en si grand nombre parmi les femmes d'Angleterre aussi bien qu'ailleurs.

« Notre société va de plus en plus à la derive relativement à tout ce qui tient *au sexe*, cette faculté de notre organisation qui constitue néamoins un grand fait qu'on ne peut méconnaitre. Après cette série de romanciers partant de Sand pour aboutir à Zola... qu'aurons-nous encore ? — Néanmoins *j'espère*, parce que j'ai vu pendant les dernières années un tel accroissement de courage et de force morale parmi les femmes, que je ne puis m'empêcher de croire qu'une ère nouvelle commence. Pour la première fois, les femmes modestes, intelligentes et tout à fait *comme il faut* se mettent à discuter en public comme dans la vie privée, et ce signe est caractéristique.

« Recevez l'assurance de toute l'affection que vous porte votre vieille amie.

(Mlle) « ÉLISABETH BLACWELL,
« Docteur en médecine. »

Dans une lettre nouvelle, notre cher docteur ajoute :

« Sachez bien, mon amie, que malgré mes éloges bien sincères pour votre brochure, nous ne sommes malheureusement pas d'accord sur un point essentiel. Je ne pense pas comme vous que *la faculté physique des sexes doive* DISPARAITRE de l'humanité, c'est impossible, mais je pense que cette faculté comprenant deux éléments, le spirituel et le matériel, le spirituel doit dominer et tenir en sous-ordre l'élément physique. Telle est la grande différence entre vous et moi. De plus, j'ajoute que l'élément spirituel étant prédominant chez la femme non corrompue, la femme est, pour cette raison, appelée à élever la société non en détruisant une partie essentielle de notre organisation, mais en lui laissant, comme *servante de l'âme*, ses attributions naturelles. Quelque désaccord qu'il y ait entre nous, le commun désir du bien nous unira toujours et fera de nous de vraies amies [1]. »

E. B.

---

[1] Élisabeth Blackwell, anglaise de naissance, alla fort jeune en Amérique avec sa famille. Son amour pour le bien et son désir de contribuer au relèvement de la femme lui suggèrent l'idée d'entreprendre l'étude de la médecine. La persévérance et la fermeté qu'elle déploya en cette occasion la firent admettre, non sans peine, à un collège médical : c'était la première femme que l'on voyait figurer parmi les étudiants, dans ce pays de liberté où les femmes jouissent pourtant de tant de considération. Après quatre années d'études, Élisabeth obtint comme docteur un diplôme de distinction. Elle vint à Paris en 1851, pour y continuer ses études et contribua par son mérite et son exemple à faciliter aux femmes l'accès d'une carrière qui jusque-là leur était restée étrangère. Après son séjour à Paris, un séjour à Londres fut consacré à y poursuivre des études si sérieusement entreprises. Retournée en Amérique, le docteur Blacwell fonda à New-York, grâce à la confiance qu'elle sut inspirer, et à la munificence de quelques personnes, un hôpital et un collège. Revenue en Angleterre en 1869, pour s'y fixer, Élisabeth Blackwell vint en aide à ses compatriotes pour la fondation d'un collège médical à Londres et de plusieurs sociétés pour l'instruction. Outre les cours publics où elle enseigna sur le continent on lui doit plusieurs ouvrages sur l'hygiène et sur l'éducacation.

Nous essaierons de répondre à la lettre de notre amie. Nous dirons à notre cher docteur, relativement à son affirmation d'impossibilité de tout changement « dans la faculté physique des sexes » que ce qui échappe à la science, ce qui, pour elle, n'est pas même en germe dans le présent, peut pourtant s'y trouver et avoir dans l'avenir son développement assuré.

Comme au début de la création, le pouvoir créateur pour ses œuvres nouvelles ou plus parfaites, n'a besoin ni de *témoin* ni de *conseiller*, quoique par le pouvoir de l'Esprit « qui sonde toutes choses » « l'homme soit ouvrier avec Dieu. » De même que « les choses qui se voient n'ont pas été faites de choses qui parussent » de même, les choses à venir ne le seront pas davantage.

Les sexes, « en leur faculté physique » ayant sur tous les points faussé leurs attributions, dépassé les limites qui leur étaient assignées, dans le travail progressif de l'humanité, ne sauraient plus revenir à l'ordre par les moyens existants. *La servante* ayant usurpé les droits de sa maîtresse ne peut plus être remise à sa place sans des forces plus puissantes que celles qui n'ont pu suffire à la maintenir à son rang. — Attendrions-nous de la raison, du sentiment, de la moralité, le rétablissement d'un accord partout détruit, et les facultés qui n'ont su conserver cet accord seraient-elles capables de le rétablir ?

Nous ne le pensons pas, chère amie, et nous croyons, au contraire, que ces hautes facultés chez la femme et chez ceux qui seront propres à la seconder en cet objet, vont servir *fatalement*, désormais, *irrésistiblement*, à la chute d'un ordre vicié et corrompu et à l'édification d'un ordre nouveau.

Entre l'homme et la femme, présentement, entre le spirituel et le matériel et sur la question qui nous occupe, un divorce se prépare ou pour mieux dire est accompli. Le matériel a prononcé en la question et le désaccord survenu entre les deux moitiés de l'espèce humaine « dans la faculté des sexes » la répugnance de plus en plus croissante de l'élément féminin dans l'exercice de cette faculté, — quand cet élément est pur et non corrompu, ou quand il est parvenu au développement moral et intellectuel nécessaire, tel est pour nous le grand signe du divorce. Cette protestation de la nature, chez la femme, retentissement de protestations plus élevées et plus profondes, implique, selon nous, pour le rétablissement de l'accord, des conditions *qui n'ont pas encore paru.* Si, chez la femme, la nature proteste, c'est que la nature tient en réserve pour elle des secours qui lui aideront à reconquérir dans le spirituel, dans l'affection transcendante, le rang qu'elle a perdu ou peut-être qu'elle n'a pas encore occupé.

Le double organisme humain et la faculté différente qui y correspond, pris pour base de la manifestation des sentiments de l'âme, n'est plus qu'un leurre pour la femme, un leurre pour ses sentiments.

Est-ce bien cette loi des sexes, inégale pour les intéressés, défectueuse, rudimentaire, brutale ; cette loi perfide qui, sous un semblant de protection de plus en plus illusoire et mensongère, cache pour la femme des charges et des impositions pénibles ; est-ce bien cette loi à laquelle l'amour lui-même a été pris en piège, qui serait, pour l'humanité, le dernier mot du Créateur, alors que lui-même a trouvé bon de l'abolir, pour opérer son œuvre de Rédemption ? — Non, non, chère docteur, et à notre tour nous osons vous dire : C'est impossible.

Les lois naturelles, comme les lois humaines, — avec les proportions de temps qui les distinguent, — doivent être sujettes, — si elles ne sont abrogées, — à des modifications, quand des nécessités l'exigent. Or, ces nécessités, pour l'ordre moral et affectueux, se sauraient échapper à personne, si ce n'est peut-être à ceux qui les ont fait naître plus particulièrement par leurs désordres et leurs crimes. La source même de ces désordres n'étant pas difficile à découvrir, nous en concluons que, pour l'humanité, des changements sont devenus nécessaires dans la loi et la faculté physique des sexes; que ces changements s'opéreront peu à peu, et que cette faculté, si elle doit résister pour se produire, en gardant quelque chose de son passé, doit être d'accord avec le spirituel, c'est-à-dire avec le sentiment, la dignité, la pudeur; qu'elle ne devra plus être au pouvoir de la volonté de l'homme, ni *de la chair* et *du sang*, mais l'apanage exclusif de l'amour le plus pur et le plus rapproché de Dieu. De là, selon nous, pour les sexes eux-mêmes, des conditions qui n'ont pas encore paru : *Non visibles, intérieures, modifiées, se faisant équilibre*, correspondant à l'âme douée des deux principes actif et passif, tels nous paraissent devoir être les sexes devenus, seulement alors, les vrais serviteurs de l'âme et réintégrés dans leur unité d'origine, sous l'unité protectrice de l'enveloppe angélique [1].

Un socialiste de renom, Fourier, — un génie, — ou-

[1] Pourquoi la sélection des âmes, dans les divins attraits, n'impliquerait-elle pas, comme but final, des modifications organiques portant sur les inégalités et les imperfections ?

blieux de la loi morale de Dieu dans son esprit généreux de justice envers les femmes, à qui il octroya comme aux hommes toute liberté en amour, Fourier a prononcé cette remarquable parole que nous répétons ici et dont les déductions serviront de correctif aux amours du phalanstère, — les nôtres en tous points : LA NATURE N'EST PAS BORNÉE AUX MOYENS CONNUS. Non, et c'est aussi notre conviction : *La nature n'est pas bornée aux moyens connus,* et c'est cette nature, si souvent invoquée pour légitimer le mal, qui sera elle-même appelée à terminer le grand débat où elle est mise en cause. Par ses protestations au sein de la femme, — protestations admirables, voix de l'ânesse de Balaam apercevant sur le chemin, l'Ange qui échappe au regard du Voyant, — la nature, véritable servante de Dieu, bien plus encore que l'organisme humain actuel n'est serviteur de l'âme, la nature saura bien modifier ses lois en raison des insultes faites aux lois de Dieu et en raison des aspirations du cœur de la femme, toutes d'accord avec ces lois. — Mais là n'est pas le plus pressant parce que le fruit ne saurait précéder la fleur.

L'AMOUR PUR est cette fleur de l'âme d'où sortira le fruit au temps voulu. C'est le point de départ de tous les progrès entrevus ou non se rattachant à l'amour. Par l'amour pur, s'opère la *décentralisation* de l'affection, la *délivrance* de l'amour, jusqu'ici avilis, enchaînés, profanés, et rendus enfin à la liberté, selon Dieu, à la répartition équitable et à l'attrait du beau et du bien.

S'affranchir de la loi des sexes et de ses obligations, établir le règne de l'amour pur, par les liens intellectuels, affectueux, les œuvres de la charité, tel est en un mot le but de la *Société d'amour pur.*

L'espèce humaine n'existera réellement que lorsque l'amour et la procréation se trancheront de celle des bêtes plus encore que l'homme ne diffère des animaux.

Telle est ma réponse, chère amie, à la lettre que vous avez bien voulu m'adresser. Je ne sais ce que vous en penserez. Quoiqu'il en soit : Dans la grande guerre qui est commencée, et dans *la retraite* qui doit s'ensuivre, prenons d'avance notre position et restons amies quand même. Si je suis toute au combat et à l'ardeur des combattants, je ne serai nullement contrariée de vous voir protégeant *la retraite* et cherchant à y maintenir le bon ordre, en raison même des cris « de la servante » et de tout ce qui doit la suivre en son ténébreux exil.

Votre bien affectionnée,

Auteur de la Femme-Ange, etc.

Nous sommes heureuse d'être autorisée à reproduire quelques extraits des lettres adressées à une amie par M. P. L. Riche-Gardon, fondateur et directeur de la *Revue mensuelle : La bonne nouvelle au XIXᵉ siècle*. C'est un témoignage qui nous est particulièrement cher et dont nous remercions M. Riche-Gardon.

« Étant un de ceux qui ont eu le bonheur de recueillir les *effluves d'amour par inspirateur*, et cela en tant de pays divers, de femmes dignes de leur sexe ; je mettrai mon bonheur, jusqu'à ma dernière heure terrestre, à manifester selon mes moyens les sanctions scientifiques des statuts de la *Société d'amour par* qui, selon les sublimes inspirations de l'auteur, *a son siège dans tous les cœurs* et nulle part où son universalité pourrait être limitée. »

..... « S'il y a des femmes qui tiennent de la nature masculine en degré intellectuel déterminant, il y a des hommes qui tiennent de la nature féminine dans le même degré, et qui, alors, se trouvent formés pour la délivrance de la femme, pour l'affranchissement de son sexe de toute prostitution même en mariage légal, par l'abus du mari sur la femme. »

« 30 décembre 1879.

« P. L. RICHE-GARDON. »

Une de nos amies, Mme E. de M. a reçu la lettre suivante qu'elle nous autorise à reproduire : cette lettre formera un contraste assez piquant avec la précédente. Nous regrettons seulement que les raisons de M. X. restent toutes contenues dans son indignation.

« Madame,

« Je viens de recevoir et de parcourir la brochure que vous m'avez annoncée : *La Femme-Ange*. Vous m'embarrassez beaucoup en me disant que l'auteur est de vos amies, car je voudrais n'en dire que du bien. Or ses manières de voir me révoltent ! Comment faire ? — Faites-moi grâce je vous prie.

« Votre bien respectueux et dévoué. »

28 mai 1880.

Angleterre, 26 mai 1880.

« J'ai lu votre brochure la *Femme-Ange*, et je vous en remercie : je l'ai lue avec attention.

« Vous avez bien dépeint la dégradation morale qui résulte pour la femme et aussi pour l'homme de l'amour sensuel qui déborde de toutes parts. Grâce au progrès qui s'accomplit, espérons que dans les familles et dans les maisons d'éducation, au lieu de préparer les jeunes filles à considérer le mariage, — c'est-à-dire l'esclavage, — comme le but principal de leurs aspirations, on s'occupera un peu plus de leur développement moral et intellectuel au point de vue de leur avenir professionnel et de leur dignité morale; car ce n'est que lorsque la femme sera affranchie des instincts grossiers et sensuels, qu'elle pourra s'affranchir complètement de la domination de l'homme. Unis sous l'influence d'un pur amour fraternel les aspirations des êtres humains seront purifiées et vivifiées. L'influence des infirmités de la vie animale prédomineront de moins en moins et les joies pures de l'humanité, de la vérité et de la justice, pénétreront de plus en plus les âmes.

« Recevez l'expression de mon affectueuse sympathie.

(Mme) « Jeanne DEROIN[1]. »

Berlin, 1er décembre 1878.

« La lecture de la brochure que vous avez bien voulu m'envoyer: *La Flore nouvelle de l'Amour*, est des plus intéressantes : les pensées qui y sont exposées d'une vérité grande, quelquefois terrible, sont le plus souvent sublimes. L'humanité est si fort intéressée à ces questions qu'il faut désirer ardemment l'acheminement au but que vous poursuivez. S'il était possible que l'avenir de l'humanité s'approchât de cet idéal, il y aurait des anges dans le monde et le ciel s'unirait à la terre.

(Mlle) « Votre amie BERTHA. »

---

[1] À la révolution de 1848, Mme Jeanne Deroin fut une des premières femmes qui, en France, vint proclamer dans les clubs d'ouvriers, le *droit des femmes à l'égalité civile et politique*. Sa douceur et sa fermeté triomphèrent bientôt du mauvais accueil de quelques-uns. Elle posa sa candidature à la députation: elle publia, avec quelques adhérents, le journal l'*Opinion des femmes* et fut, en 1849, l'auteur des statuts de l'*Union des associations ouvrières*, qu'elle fonda avec M. Delbrouck. Elle fut condamnée, pour ce fait, avec ses co-associés: elle eut à subir 13 mois de prison, dont 7 de prévention. En 1851 elle s'occupa, après le coup d'État, à faciliter la fuite des proscrits et à procurer de l'aide à leurs familles en détresse. En 1852, elle fut obligée de se réfugier en Angleterre, où elle est encore présentement, retenue par la maladie de son fils.

Albisbrunn, le 10 août 1880.

« J'ai pu enfin relire la *Femme-Ange*, et j'y trouve de plus en plus d'intérêt. Il est à regretter que les femmes ne s'appuient pas sur de tels principes ; mais il ne faut pas se flatter, peu le feront, et vous n'aurez parmi elles qu'un très petit groupe, groupe suffisant toutefois pour former le noyau de ce qui ne saurait manquer de prendre, avec le temps, extension et vie.

« La sagesse marche avec les femmes distinguées dit l'Ecclésiastique (ch. 1). Vous avec trouvé la sagesse propre à soulager nos misères en nous arrachant au péché, et vos écrits me donnent une grande joie. Il m'est doux de voir enfin reproduites et mises au grand jour des idées que je partage depuis si longtemps. Persévérez avec courage et dévouement dans une cause si pure et si sainte et croyez à l'affection de votre amie.

(Mme)   « Eugénie C. »

Saint-Denis. — Imp. Ch. Lambert, 17, rue de Paris.

Saint-Denis — Imp. Ch. Lambert, rue de Paris, 17.

www.ingramcontent.com/pod-product-compliance
Lightning Source LLC
LaVergne TN
LVHW021905180726
843502LV00008B/2898